Christa Zeuch

Seit 1984 schreibt Christa Zeuch Kinder- und Jugendbücher in be-
kannten Verlagen sowie der Edition Gegenwind, einer Gemeinschaft
namhafter Autor/innen und Illustrator/innen. Ihr Gesamtwerk um-
fasst außer vielen Kindererzählungen eine große Anzahl Kinderlieder
und -lyrik. Ganz "nebenbei" entstehen immer wieder auch Gedichte
für jugendliche und erwachsene Menschen.

Die neuesten und wenige alte stellt sie mit eigenen Illustrationen in
diesem Band vor. Der 1. Teil erlaubt sich in Reimen gepflegten
Nonsense und diversen Wortspaß. Teil 2 enthält überwiegend kleine
ungereimte Texte, in die man sich gern mit Muße vertiefen darf.

Christa Zeuch lebt mit ihrem Mann in der Nähe von Eckernförde an
der Ostsee, freut sich über Tochter, Sohn, drei Enkel und zwei Ur-
enkel.

Christa Zeuch

LEISE WORTLAUTE

Edition Gegenwind

Bibliographische Information der Deutschen Bibliothek:
Die Deutsche Bibliothek verzeichnet diese Publikation
in der Deutschen Nationalbibliographie; detaillierte Daten sind im Internet unter
http://dnb.ddb.de abrufbar.

Edition Gegenwind

Covergestaltung und Gesamtlayout: Fabian Zeuch
Herstellung und Verlag:
Books on Demand GmbH Norderstedt

ISBN 978-3-7448-3639-5

www.edition-gegenwind.de.vu

Themenübersicht:

Teil I * GEREIMTHEITEN

Teil II * UNGEREIMTHEITEN

TEIL I * GEREIMTHEITEN

WORTSPIEL-REIMEREI

DAS WORT

Das Wort und die Laute
sind enge Vertraute
W o r t l a u t e

Das Wort und die Leise
sind logischerweise
W o r t l e i s e

Das Wort und die Wahl
bereiten oft Qual
W o r t w a h l

Das Wort und das Spiel
verjuxen zu viel
W o r t s p i e l

Bei Wort und Gefecht
hat jeder gern recht
W o r t g e f e c h t

Das Wort mit dem Bruch
hat üblen Geruch
W o r t b r u c h

Das Wort trägt der Stamm
verlässlich und stramm
W o r t s t a m m

DEUTSCHSTUNDE

Ein Maler malte,
ein Zahler zahlte,
ein Feger fegte,
ein Jäger ...

Ein Richter richtete,
ein Dichter dichtete,
ein Käufer kaufte,
ein Läufer ...

Ein Flöter flötete,
ein Löter lötete,
ein Wirt bewirtete,
ein Hirt ...

Ein Schreiber schrieb,
ein Treiber trieb,
ein Blinker blinkte,
ein Stinker ...

Ein Raucher rauchte,
ein Taucher tauchte,
ein Wecker weckte,
ein Bäcker ...

Ein Kocher kochte,
ein Locher lochte,
ein Töpfer töpferte,
ein Schöpfer ...

WUNSCHZETTEL

Der Zettel zeigte einen Flunsch,
denn unerfüllt blieb ihm ein Wunsch.
Er hoffte nämlich im Geheimen,
es möge jemand auf ihm reimen.
Und wenn nur einer reimlos schrieb,
zum Beispiel: Du, ich hab dich lieb!

Man ignorierte jenen Zettel.
Und bald verfiel er in Gebettel:
Ach bitte, nimm doch einen Stift,
verziere mich mit deiner Schrift,
bevor mich irgendwer zerknittert!
Umsonst. Der Zettel schwieg verbittert.

Mit letzter Kraft gab er noch preis
ein letztes Mal sein leeres Weiß.
Wer mochte darauf Wünsche schreiben?
Das Kind dort? Pech, das ließ es bleiben.
Total verzettelt und verzagt
befand er: Ich bin nicht gefragt.

Doch jäh erfüllte sich sein Traum:
Das Kind, es malte einen Baum
mit Zweigen, Blättern, kleinen Bienen,
ganz bunt, der Baum trug Apfelsinen!
Darunter schrieb es: Ann-Katrein.
Dann rahmte es den Zettel ein.

GEFLÜGELTES WORT

Ein kleines Wort mit bunten Flügeln
schwang sich empor zu höchsten Hügeln,
und das scheint uns vermessen.
Was jeder Gipfelstürmer weiß:
Die Spitzen sind aus Schnee und Eis!
Das hatte es vergessen.

Das bunte Wort flog unbeirrt
und dachte sich, da oben wird
mir sicher nichts passieren.
Dort blick ich, nah dem Himmelszelt,
auf alle Wörter dieser Welt!
Ich werd' nicht gleich erfrieren.

Nun klebt es fest am weißen Ort.
Der Eisberg lässt es nicht mehr fort,
es muss dort wortlos schmachten.
Nie wieder fliegt's aus einem Mund!
Zwei Krähen sieht man still sein Bunt
als stummen Punkt betrachten.

KAKADA

Grashüpfer hüpfen nicht beim Grasen.
Oft rasen Hasen auf dem Rasen.
Der Löwenzahn will Löwen beißen,
der Maulwurf lieber Mundschmeiß heißen.

Der Tiger tigert durch den Tann.
Sein t verschenkt der Elefan.
Giraffen gaffen übers Dach.
Die Affen äffen alles nach.

Der Kater sieht verkatert aus.
Die Mäusin mausert sich zu Haus.
Der Vogel vögelt gern im Nest.
Der Vielfraß frisst den ganzen Rest.

Nicht-Regen wurmt den Regenwurm.
Der Turm vom Schach türmt auf den Turm.
Die Drossel, die erdrosselt schweigt,
weiß nicht, was ihr der Weißling zeigt.

Den Esel kränkt die Eselei.
Der Kuckuck kuckt an ihm vorbei.
Die Meise wünscht sich vorn ein A.
Der Kakadu sitzt kakada.

WAS MANCHE
WÖRTER MACHEN

Der Lauch fühlt sich erlaucht,
der Schlauch sich so geschlaucht.
Das Tuch ist gut betucht.
Das Buch wird umgebucht.

Der Halle Hall verhallt.
Der Knall knallt ganz verknallt.
Verbiestert beißt das Biest.
Der Nieselregen niest.

Die Nacht gähnt übernächtigt.
Das Dach wird falsch verdächtigt.
Der Hund wird morgen hundert.
Die Wunde ist verwundert.

Der Schweiß wird eingeschweißt.
Der Kreis wird eingekreist.
Die Zahl wird gut bezahlt.
Der Strahl wird angestrahlt.

Der Bus hat keinen Busen.
Der Fluss fließt ohne Flusen.
Der Reis will gern verreisen.
Das Eisen nicht vereisen.

Der Schimmel wird verschimmelt,
der Himmel angehimmelt.
Die Muse matscht zu Mus.
Der Fuß fasst endlich Fuß.

WANDUHR

Die Flurwand hört man klagen:
Ich kann dich kaum ertragen!
Von deinem blöden Ticken
muss ich reflexhaft nicken.

Die Wanduhr ist gekränkt.
Was diese Wand sich denkt,
wie kann sie es bloß wagen!
Soll ich sie viermal schlagen?

WORTFINDUNG

Das Wort, der Ausdruck, die Vokabel,
das Bibelwort von Kain und Abel,
das große Wort, das jemand führt,
das Wort, das dich zu Tränen rührt,

das Wort, das jemand dir nicht hält,
das Urteil, das ein Richter fällt,
der Wortlaut, den du einmal wählst,
Geschichten, die du gern erzählst,

das Wort, das du im Mund verdrehst,
das Wort, das du nicht ganz verstehst,
das ewig wahre Gotteswort,
die Überschrift und der Report,

die Goldwaage, auf der es liegt,
das andre, das geflügelt fliegt,
das Fremdwort und das Reimgedicht,
der Brecher, der die Zunge bricht,

das Wortspiel und das Wortgefecht,
die Paragraphen für das Recht,
das Testament, die Unterschrift - - -
ein Loblied endlich auch dem S T I F T,

der tausend Worte wohlbedacht
für unsre Augen sichtbar macht
in Form und vielerlei Gestalt.
Nichts ist so jung und schon so alt!

WORT IN GOTTES OHR

Das Wort in Gottes Ohr
kam diesem störend vor.
Es sprang ihm viel zu grell
ans rechte Trommelfell,
es jammerte
und klammerte.

Gott schüttelte sein Ohr,
bis er das Wort verlor.
Es scherte sich nicht drum,
und schnellte wiederum
so wie zuvor
ins selbe Ohr.

Gott hörte endlich hin,
verstand des Wortes Sinn:
Die Menschheit rief verzagt,
geschunden und geplagt,
stopp Krieg und Not
und Hungertod!

Das Wort, geklagt im Chor,
bewirkte, dass Gott schwor,
die Menschheit zu befrein
und Friedensgott zu sein.
Ergebnis offen ...
Wir hoffen.

STILLSCHWEIGEN

Wer etwas nicht verraten will,
der hält bewusst das Mundwerk still,
um sein Geheimnis zu verschweigen.
Er kann dir auch die Meinung geigen.
Doch wäre das wohl kaum verschwiegen
und würde deutlich schwerer wiegen.

Stillschweigen kann der Mensch auch brechen
entgegen jeglichem Versprechen.
Wer falsch ist und nicht lange zaudert,
ihm Anvertrautes weiter plaudert,
der kann für Freundschaft und Vertrauen
kein festes Fundament mehr bauen.

Stillschweigen - oft ja gut und heilig -
wünscht man sich manchmal gegenteilig.
Denn wer sich laut bemerkbar macht
bei Unrecht, Bosheit, Niedertracht,
ist couragiert und darf dem Schweigen
beherzt die kalte Schulter zeigen.

Bei eines Menschen Missgeschick
erfordert es der Augenblick,
ihn schweigend in den Arm zu nehmen.
Es hilft ihm, sich nicht mehr zu grämen,
weil mehr als tausend Worte dann
ein Schweigen ALLES sagen kann.

WÄNDE HÖREN

Dies erzählt die Kirchturmwand:
Es ist wirklich allerhand
was ich höre und auch sehe,
weil ich ein- und auswärts stehe.
So betrachte ich beizeiten
unser Leben von zwei Seiten.

Wände haben viele Ohren.
Sie sind dazu auserkoren,
drin wie draußen mitzukriegen:
Lügen, welche Balken biegen,
Redeschwälle in den Wind
und wer schwindelt, petzt und spinnt.

Wände hören dich und jeden
Tacheles und Klartext reden,
Löcher fragen in den Bauch,
strenge Wörtchen manchmal auch.
Doch die Wände, stolz und stumm,
tratschen niemals selbst herum.

DAS LETZTE WORT

Ein letztes Wort hielt fest am Zweig,
der schaukelte am Stamm.
Das blättchenkleine Wörtchen Wort,
es zappelte sich klamm.

Der Nordwind stürmte in den Baum,
das Wörtchen Wort, es fror.
Es wollte gern ein warmes sein
und reckte sich empor.

Die Sonne aber schien nicht mehr,
drum fing es keinen Strahl.
Kalt fiel es ab, das letzte Wort.
Nun war sein Wortstamm kahl.

SCHLUSSKUSS

Der Schlusspunkt sagt, es muss
vor mich ein Wort zum Schluss,
ein Schlusswort sozusagen.

Gleich hört er Wörter klagen:
Wer will schon Schlusslicht sein?
Da steht man ganz allein.

Nun meldet sich ein Wort:
Ich steh sehr gerne dort,
womit ich stolz erkläre:

Es ist mir eine Ehre!
Ich leuchte allen heim,
dem Satz, dem Punkt, dem Reim.

Und außerdem, zum Schluss
bin ich noch ein Genuss,
ich heiße nämlich Kuss!

TIERISCHER ERNST

MARMELENTE

Der Marmelente helle Flecken
kannst du im Dunkeln
kaum entdecken.

Bei Tag frisst dieser Vogel auch
statt Wurm mal
Beeren ab vom Strauch.

Aus Marmelentes Ende kommt
dann echte
Marmelade prompt.

TROTTELLUMME

Die Helgoländer Trottellumme
ist keine trottelige Dumme.
Sie handelt schlau, als Mutter.

Den Nachwuchs pflegt sie von den Klippen
nach kurzer Zeit bergab zu kippen.
So spart sie Kükenfutter.

Flieg oder stirb!, ist ihre fiese
jedoch pragmatische Devise;
Mama kennt kein Erbarmen.

Die Küken können sich nicht wehren.
Sie müssen sich nun selbst ernähren
im wilden Meer. Die armen ...

BEGEGNUNG

Es war ein Osterdonnerstag,
als Apfel, Mond und Kakerlak
sich in der Welt verirrten.
Ein jeder suchte anderswo
den Weg - der Mond in Mexiko,
der Apfel rollte durch den Zoo,
der Kaker fragte Hirten.

Doch wie das Leben manchmal spielt:
Sie haben gänzlich ungezielt
mit wackerem Gewander
sich irgendwie den Weg gebahnt
und trafen plötzlich ungeahnt
(es war tatsächlich nicht geplant)
bei Duisburg aufeinander.

Am Osterdonnerstag geschah,
was ganz allein der Mond nun sah:
Der Käfer, wüst verfressen,
verschlang den Apfel mitleidlos,
er wurde selber apfelgroß,
schwoll an zu einem Hefekloß
und platzte kurz vor Essen.

SCHWEINEHUND

Es liebten sich ein Schweinchen und
ein hübscher Haus-Hof-Hühnerhund.

Sie traten, das war längst schon klar,
gemeinsam vor den Traualtar

und hießen frisch vermählt zu Zwein
ganz unvermutet HUNDESCHWEIN.

Das fanden beide ordinär,
ein edler Name musste her!

Sie überlegten fünfzig Namen,
die alle nicht infrage kamen,

bis schließlich unser junges Paar
mit SCHWEINEHUND zufrieden war.

GESANGSDUO

Truthahn hat wie Turtelkopf
seit der Kindheit einen Kropf.
Doch sie wollen singen!

Turtelkopf klingt angeknackst,
Truthahn dumpf wie eine Axt,
echt zum Händeringen.

Keine Sau kann dieser beiden
Vögel Grätzgesänge leiden,
was sie selbst nicht stört;

so erschrecken sie auch heute
ahnungslose Wandersleute.
Wirklich unerhört!

ZITRONENFALTER

Ein Falter fragt sich, ob sich's lohne,
sie klein zu falten, die Zitrone?
Umsonst bemüht. Nun guckt er sauer.
Sich selbst zu falten, ist wohl schlauer.

MAULESEL

Der Esel hat ein Maul,
so ähnlich wie beim Gaul,
die Ohrn geformt wie Fisch,
vier Beine wie ein Tisch.

Er bockt und ist nicht brav.
Sein Maul hält er im Schlaf.
Das Fell ist rau und gräulich,
und sein Gesang abscheulich.

Wenn Seinesgleichen naht,
kann's sein, dass er i-aht.
Kann aber sein, auch nicht,
das fällt nicht ins Gewicht.

Er hält Maulaffen feil,
und das kommt nämlich, weil
Maulesel gern wie Affen
mauleselaffig gaffen.

WIE DER KUCKUCK
SEINEN NAMEN BEKAM

Als alle Tiere einen Namen,
dazu ein schönes Kleid bekamen,
damit ein jedes Tier der Erde
gewärmt und unterschieden werde,

war Gott der Schöpfer gut gelaunt.
Die Tiere haben sich bestaunt:
Ein jedes war hübsch eingekleidet,
dass keins dem andern etwas neidet.

Gleich schlug sein Rad der eitle Pfau
und schritt zur Schau in Grün und Blau.
Vom Kakadu bis zu den Flundern
ließ sich die Fauna nun bewundern.

Ein roter Vogel trieb's zu toll,
wobei sein Federwämschen schwoll:
Kuck kuck, kuck kuck, kuck kuck auf mich,
der Tausendschönste, der bin ich!

Gott mahnte: Blas dich nicht so auf!
Der Rote hörte nicht darauf.
Und eh das Kerlchen sich versah,
saß es als grauer Vogel da.

Die Tiere aber nannten ihn
Kuckuck, so wie er hat geschrien.
Und ruft im Frühjahr wer wie er,
dann sucht. Man sieht ihn nicht mehr sehr.

UNDANKBARER HUND

Ein Hund, der seinen Schwanz verlor,
kam sich so schwanzlos schäbig vor
und hat ihn suchen wollen.
Da sah er einen fremden Hund
mit einem Prachtbusch hinten und
verfiel vor Neid in Grollen.

Gleich fing er laut zu stänkern an.
Er knurrte grimmig und begann,
um ihn herumzustrolchen.
Sein Schwanz, der ihm abhanden kam,
erschien ihm jetzt wie Plunderkram.
Er wollte einen solchen!

He Freund!, rief jener mit der Pracht,
was hast du Ärmster bloß gemacht,
du bist ja hinten nackig!
Guck, in dem abgekrachten Ast
hängt fest, was du verloren hast.
Moment, ich helf, das pack ich!

Schon brachte er dem Hund sein Teil.
und wuffte: Freund, gleich bist du heil.
Doch statt zu sagen: Danke!,
riss der ihm barsch das Schwanzstück weg -
ratsch, landete es zerfetzt im Dreck.
Nun ziert ihn bloß der Blanke.

FLIEGE

Die Fliege ist oft penetrant,
setzt sich auf Nase, Nacken, Hand
und stört mit fiesem Summen.

Du zeterst: Biest, wenn ich dich kriege!
Doch bringst du selten eine Fliege
durch Schimpfen zum Verstummen.

Sie krabbelt, kitzelt immer wieder
und setzt sich frech auf nackte Glieder.
Man haut sich selbst - vergebens.

Am besten schließt man ganz entschieden
mit diesem kleinen Tierchen Frieden
als sein Garant des Lebens!

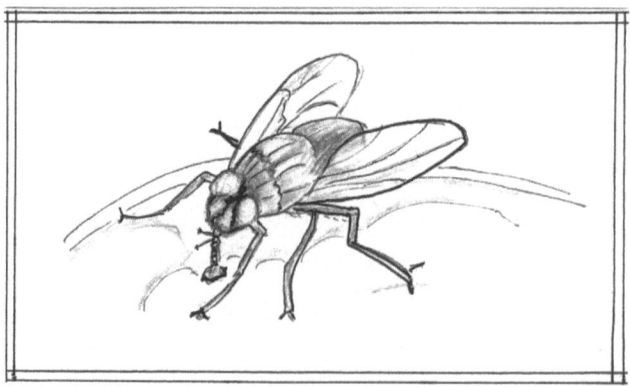

FLOHMARKT

In morschen Kleiderkästen,
in abgelegten Westen,
in Hüten alter Schrullen,
in Omas Schmuckschatullen,
in halb zernagten Fellen,
gebrauchten Hasenställen,
in Leinen, Wollen, Nesseln
und antiquierten Sesseln,
in Socken und in Decken
aus dick verstaubten Ecken -

verkaufte Flora Dödel
mit ihrem ollen Trödel
zig Flöhe, Milben, Wanzen.
Die konnt' man in dem ganzen
Verkaufskram gar nicht sehen
und ganz umsonst erstehen!

BLINDFISCH

Ein Blindfisch schwamm in dunkler Stille
im Meer, er hatte keine Brille.

Zeitgleich, auf einer Gartenlaube,
saß dösend eine taube Taube.

Der Fisch nahm wahr, indem er lauschte.
Was, wenn er mit der Taube tauschte?

Er könnte seine Feinde sehen,
die Taube dafür mehr verstehen.

Doch diese Überlegung ist nichts wert,
dann wär ja alles umgekehrt.

Mit taubem Fisch und blinder Taube
ist nichts gewonnen, wie ich glaube ...

SEEKUH

Des Bauern Kuh Elise,
fraß Klee und wiederkäute
sehr einsam auf der Wiese,
was sie nicht wirklich freute.
Längst war sie's überdrüssig,
tagtäglich Milch zu geben.
Eins schien ihr plötzlich schlüssig:
Verreisen, was erleben!

In fernem Süßgewässer
ging sie verwegen baden.
War Seekuhleben besser?
Es schien ihr nicht zu schaden.
Da tauchte aus der Tiefe
ein dickes Ungeheuer
mit Prusten und Geschniefe
auf vor dem Wiederkäuer.

Es sprach: Ich alte Seekuh
entstamme Urverwandten -
nicht dummen Kühen, nee du,
den weisen Elefanten!
Elise rief: Du Seekuh
siehst grottenhässlich aus,
da bleib ich lieber Kleekuh!
Und stolz ging sie nach Haus.

MUSI-KA-LEIDOSKOP

HUMORESKE

Humor ist,
wenn man trotzdem lacht,
Musik ist,
wenn es trotzdem kracht.

Die Humoreske, will mir scheinen,
kann beide Gattungen vereinen,
indem sie musikalisch schmunzelt
und deine strenge Stirn entrunzelt -
sofern du spaßverständig bist
und selbst sogar ein Humorist.

Hast du jedoch
nicht viel Humor,
kommt dir Humor
humorlos vor.

MEIN OPA KANN NICHT SINGEN

Mein Opa kann nicht singen, hoho,
kein Ton will ihm gelingen, hoho.
Und singt er doch, kommt er mir vor
wie ein verstopftes Auspuffrohr,
hoho hau hei, hoho.

Doch Oma, die kann singen, soso,
lässt Melodien erklingen, soso,
wie Wackelpudding wackelig,
so zittrig und so quackelig,
soso auwei soso.

Ich selbst vor allen Dingen, jojo,
kann wirklich klasse singen, jojo.
Mein Lied erschallt so zart und hell,
so klar und rein wie Mopsgebell,
jojo, jaujau, jojo.

Soll'n wir ein Ständchen bringen, hallo?
Man weiß ja, lautes Singen macht froh!
Mit Oma, Opa klingt's oho,
mit meinem Sound ja sowieso:
Hoho, soso, jojo!

HOCH UND TIEF

Drachentier fliegt aus Papier
tonlos in der Luft.
Dumpf und tief knurrt Erdgetier,
beispielsweise der Vampir
in der Kellergruft.

Tief schrummbrummt der Kontrabass.
Der kann Scherze machen:
Dra Chanasen haban Spaß,
spalan rasag taf, sadass
alle Hühner lachen.

Hoch dazu im Gegensatz
fietscht die Violine.
Hoch auch zwitschern Star und Spatz,
quiekt mein liebster Hosenmatz,
Baby Katherine.

SPRACHLOS

Wenn wir keine Sprache hätten,
guckten wir schön dumm,
denn wir wär'n, ich möchte wetten,
alle ziemlich stumm.

Keinen Fremden könnt' ich fragen:
He, wo kommst du her?
Schließlich könnte er nichts sagen,
da er sprachlos wär.

Reisten wir einmal nach Schweden,
wüssten wir auch nicht,
dass die Schweden schwedisch reden,
wenn dort keiner spricht.

Fuchteln würden wir und deuten
ausdrucksvoll mit Herz und Seele
zur Verständigung mit Leuten -
still und nicht aus voller Kehle.

Wettern, fluchen, brüllen, zanken,
könnten wir ganz ungeniert,
weil, verborgen in Gedanken,
uns dabei ja nichts passiert.

Sehr ernüchternd ... Ach, wo blieben
all die Lob- und Mutmachworte,
die fürs Beten, die fürs Lieben!
Öde wären viele Orte ...

DIRIGENT

Ein Dirigent ist dazu da,
das Spiel zu dirigieren.
Er möchte die Frau Musika
höchst taktvoll präsentieren.

Zuerst klingt alles kakophon.
Wird das Konzert misslingen?
Man stimmt aufs A, den Kammerton.
Aha. Das darf so klingen.

Der Dirigent verbeugt sich krumm.
Im Saal wird's langsam duster.
Applaus verebbt im Publikum.
Man hört die letzten Huster.

Jäh hebt der Dirigent den Stab,
und die Musik erwacht.
Ein erster Ton schwingt auf und ab,
ein Sturm an Klang entfacht.

Und stünde dort kein Dirigent,
dann könnte dies geschehn:
Die Bratsche lahmt, die Flöte rennt -
hühott, auf Wiedersehn!

VIER DÖRFER

Vier Dörfer sind sich spinnefeind
seit siebzehnhundertsiebzig.
Und wenn hier jemand einfach meint,
lasst Zeit vergehn, das gibt sich -
so hat sich der vielleicht geirrt.
Wer weiß, ob sich das ändern wird?

Im ersten Dorf, gleich Haus an Haus,
trifft man die Zunft der Streicher.
Sie recken sich die Hälse aus
und sehn sich gleich und gleicher,
sofern sie beieinander stehn.
Vom Körperumfang abgesehn.

Dorf Nummer zwei macht Krach wie toll,
dort wohnen nämlich Schläger.
Die schlagen sich die Bäuche voll,
mal reger und mal träger.
Und sie betonen gerne laut:
Wir wollen, dass man uns verhaut!

Im dritten Dorf sind angestammt
von alters her die Bläser.
Sind Luftikusse allesamt!
Ja, hochverehrte Leser:
Bei dem, der da die Klappe hält,
wird's laut. Das ist verkehrte Welt.

Nun darf man uns durch die Natur
zum vierten Dorf begleiten.
Da wohnen lauter Zupfer nur.
Es herrschen strenge Saiten.
Sind alle irgendwie verwandt
und meistens ziemlich angespannt.

Jahre später:

Vier Dörfer *waren* spinnefeind.
Inzwischen leben sie vereint
wie Bruder und wie Schwester
und sind nicht mehr verfeindet.
Man hat sie eingemeindet
zu einer schönen, großen Stadt,
die einen neuen Namen hat:

O R C H E S T E R

MUSIK

Musik ist's, die die Welt vereint,
sodass sie grenzenlos erscheint,
malt Freundschaftsbrücken, ganz aus Tönen,
um unsre Menschheit zu versöhnen.

Musik kann zaubern, jubeln, trauern
und lässt uns bis ins Mark erschauern.
Sie kann uns Kraft und Hoffnung geben,
bricht Unglück ein in unser Leben.

Den Müden will sie munter machen,
den Griesgram macht sie wieder lachen.
Ganz wild und feurig kann sie sprühen
und lässt uns leidenschaftlich glühen.

'Auch wird sie oft als Lärm empfunden,
dieweil sie mit Geräusch verbunden'.*)
Sie zähmt den Zorn, macht Liebe wach
und bringt den Traum ins Schlafgemach.

*) Zitat nach Wilhelm Busch

LAUT UND LEISE

Laut und Leise
singen auf der Reise.
Leise sagt: Du singst so laut,
das hab ich mich noch nie getraut.

Laut und Leise
stimmen ausnahmsweise
miteinander überein,
mal albern umgekehrt zu sein.

Laut summt leise
eine leise Weise.
Furchtbar lautstark grölt nun Leis:
Ich kann auch laut, hier mein Beweis.

Laut und Leise
sind auf diese Weise
leise kreuz mal laut und quer.
Da fragt man sich: Wer ist jetzt wer?

URZEITMUSIK

Einst, vor abertausend Jahren,
als wir Urzeitmenschen waren,
nahmen wir gefundne Knochen
nicht allein zum Suppe kochen.
Nein, wir schnitzten aus Gebein
Flöten uns, die klangen rein.

Tiere, die vorüberzogen,
jagten wir mit Pfeil und Bogen.
Beides klang vereint sehr lieblich,
denn bei uns war's damals üblich,
dass der Pfeil den Bogen strich,
was dem Geige spielen glich.

Manch ein Kürbis unterdessen,
wurde innen leer gegessen.
Schlugen wir die feste Schale
drang ihr Ton vom Berg zu Tale:
Unsre Trommel dick und rund
tat die neuste Nachricht kund.

Als wir Urzeitmenschen waren,
waren wir noch unerfahren
mit den hochmodernen Dingen.
Doch erfanden wir das Singen,
gleich nach Vogel, Wolf und Wind,
die ja große Sänger sind.

WELT AUS TÖNEN

Wenn die Welt aus Tönen wär,
wär die Welt kein bisschen leer,
sondern wunder-voll:
Meine Schule würde klingen
und mein Lehrer alles singen.
Mensch, das wäre toll!

Auf den Schildern mit Verboten
stünden statt Verboten Noten.
Macht statt Krach Musik!
Lärm in Klang verändern!
Bei Konflikten zwischen Ländern
gäb's bloß Sängerkrieg.

Gegner würden sich als Waffen
Gong und Saxophon beschaffen,
Schlagzeug und Kornett.
Statt zu töten und zu morden,
spielte Süden gegen Norden
schmissig ein Duett.

Eine Welt aus schönen Tönen
könnte uns global versöhnen.
Harmonie frisst Zwist!
Habe allerdings vergessen,
dass ein Klangbildmittagessen
Quatsch mit Soße ist ...

WORTKLAUBEREI

LEBERFLECK

Frisch von der Leber weg
erzählt ein Leberfleck:
Oh, wenn das jemand wüsste,
wer mich vom Fleck weg küsste!

Ich halt mich keusch bedeckt,
doch ER hat mich entdeckt
hoch oberhalb der Wade,
so braun wie Schokolade.

ER hat an mir geschleckt,
ich hab ihm sehr geschmeckt!
Du meinst, ich sei verlegen?
Von wegen ...

SCHEUERLAPPEN

Ich bin ein Scheuerlappen.
Ich bin kein neuer Lappen.
Ich bin schon arg bescheuert,
drum wurde ich gefeuert.

Man warf mich vom Balkon,
ich sei nicht mehr salon-
und küchenwürdig. Nun
hab ich nichts mehr zu tun.

Nichts zieht mich je zurück,
denn ich fand neues Glück:
Ich wurde Mausehaus.
Mich fand Familie Maus,

die nun in meinen Flusen
gern wohnen, wuseln, schmusen.
Zwar bin ich ziemlich fusselig,
doch längst nicht dumm und dusselig!

STAUBSAUGER

Einmal fuhr der Saug des Staubs
wegen Sommerstauburlaubs
über Land spazieren.
Horchte, guckte, schnuffelte -
auf den Äckern muffelte
es nach Dung von Tieren.

Weil ihm dies nicht sehr gefiel,
rollte er gleich bis nach Kiel,
wo die Kreuzfahrtriesen
Astor und Arcadia warten
und gleich in die Ostsee starten,
hin zu Paradiesen.

Als er keck aufs Schiffsdeck rollte,
(weil er da mal gucken wollte,
ob ihm Schifffahrt tauge),
schlug ihm das gleich auf den Magen,
denn man packte ihn am Kragen,
dass er hier mal sauge!

Puh, das Deck war mächtig groß,
und der Boden schmeckte bloß
fies nach Schweißfußsohlen.
Blitzschnell riss der Sauger aus,
floh zurück ins eigne Haus,
um sich zu erholen.

Die Moral von der Geschicht:
Schweife in die Ferne nicht.
Wie in trauten Wänden
saugt sich's nie an fremden Orten!
Und mit diesen weisen Worten
soll der Ausflug enden.

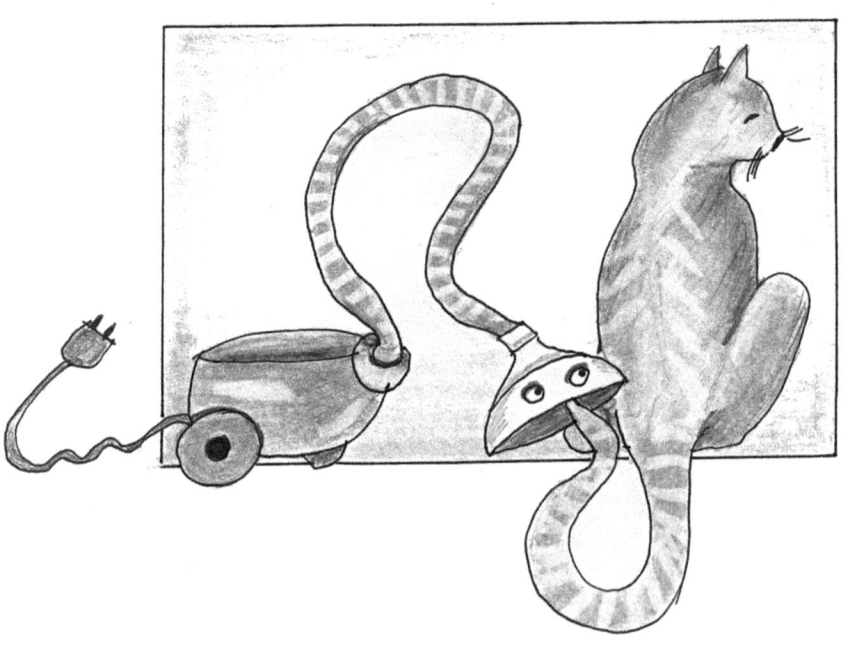

STRUMPFHOSE

Ein Außer-Dienst-Matrose,
vermisst die Lederhose.
Auch Strümpfe sind verschwunden.
Die sucht er schon seit Stunden,
und während er sie sucht,
friert er halb nackt und flucht.

Ha, ruft er schlau, ich klau
Strumpfhosen meiner Frau!

(In diesen, wie er meint,
sei, was er sucht, vereint.)

WASSERHOSE

Ein wilder Sturm auf hoher See
blies wütend mit Getöse.
Die Wellen sprangen im Karree,
das machte manche böse.

Ein Wellenneuling heulte sehr:
Da hört er auf, der Spaß!
Ich bin vom vielen Hin und Her
und Auf und Ab patschnass!

Das sah der wilde Sturm wohl ein.
Er gab ihm 'ne famose
(vielleicht ein Nümmerchen zu klein)
Windwirbel-Wasserhose.

Nun drehte sich die Neulingwelle
behost und ohne Stocken
so wie ein Derwisch auf der Stelle
und wurde sehr schnell trocken.

ZWISCHENRAUM

Ein alter, weiser Zwischenraum
stand immer zwischen Baum und Baum.

Da kam die Säge schripp und schrapp
und sägte beide Bäume ab.

Was wurde aus dem Zwischenraum?
Den sieht man halt inzwischen kaum.

ZIPFELMÜTZE

Oben auf der Kirchturmspitze
hing 'ne rote Zipfelmütze.
Kam der Wind, der blies zwar munter,
kriegte sie jedoch nicht runter.

Kam ein Vogel, der war schlau,
zog hinein mit seiner Frau.
Sieht man, wozu Zipfelmützen
manchmal unvermutet nützen.

KOPFBAHNHOF

Der Kopfbahnhof in Kiel
schenkt jedem Zug sein Ziel.

Schon lange fragt er sich:
Und wer beschenkt mal mich?

Zugluft tut mir nicht gut -
ich wünsch mir einen Hut!

LATSCHENKIEFER

Eine Kiefer stand im Wald.
Ihre Füße waren kalt.
Wurzeln mit verkühlten Zehen
sah man aus der Erde sehen.

Zitterpappeln können zittern
(ständig, nicht nur bei Gewittern)
und dabei manch Blatt verlieren.
Das kommt aber nicht vom Frieren.

Bei der Kiefer, die hier fror,
kam jedoch dasselbe vor.
Sollte sie ein Eisbaum werden?
Gab's schon solche hier auf Erden?

Während sie so reflektierte,
was ihr zehenwärts passierte,
kam es besser, als man denkt:
Latschen kriegte sie geschenkt!

BALLADE VOM NESTHOCKER

Ein Hocker stand in einem Nest.
Auf diesem Hocker hockte fest
ein Jüngling, der zu Hause blieb,
denn Mutti hatte er so lieb.

Nie wollte er woanders sein
und machte sich, wenn möglich klein,
damit ihn Mutti toll bemutterte,
zum Beispiel ihm sein Brötchen butterte.

Doch plötzlich war das Nestwerk locker,
und durch ein Loch verschwand der Hocker,
der Jüngling mit. Nur Mutti blieb,
was Söhnchen zur Verzweiflung trieb.

Er wollte unbedingt zurück!
Doch damit hatte er kein Glück,
denn Mutti fand sein Pech grandios:
Sie war den faulen Anhang los.

Da fiel ihm was Geniales ein:
Er könnte Stubenhocker sein.
Rasch suchte er sich, bauernschlau,
zwecks Stubenhocken eine Frau.

Die aber, auch von trägem Wesen,
verwies ihn an den Küchenbesen,
als Ofenhockerin gewohnt,
dass sie den Ofen faul bethront.

Der Stubenhocker fand schon bald
ein Rabenelternnest im Wald ...

Fatal: Vertrocknet, mumienhaft
hat man ihn neulich weggeschafft.

SCHWARZMALER

Welch Typ wohl dieser Maler ist?
Nun, Panikmacher, Pessimist.
Er macht gern andre Leute mies -
nicht einfach so, er glaubt auch dies.

Drum guckt er oft verkniffen schief,
Mundwinkel hängen skeptisch tief.
Auf seiner Stirn, wie bei Uralten,
zeigt er verknautschte Unmutfalten.

Er leidet, meistens geht's ihm schlecht,
nie ist ihm eine Arbeit recht,
fühlt sich geprellt um Gut und Geld
und glaubt den Untergang der Welt.

Erzählt ihm jemand was zum Lachen,
wird er es sofort madig machen.
Schier alles scheint ihm zweifelhaft -
ein Schreckgespenst der Nachbarschaft.

Er schwingt mit Angst- und Wehgewinsel
um sich herum den schwarzen Pinsel,
malt seine Umwelt düster an
und ist sich selber ein Tyrann.

EHRABSCHNEIDER

Der Ehrabschneider
schwingt die Schere
schnippel schnippel schnapp.
Ihm stellt sich leider
in die Quere
einer, dessen Ehr' schon ab.

So ein Dreister!
Scheibenkleister,
Schneiders Scher'
find' nix mehr,
was zum Ehr-
abschneiden wär.

Ziemlich dumm.
Sattelt drum
um zum Halsabschneider.

MANN UND FRAU

Mitunter wird, was Zwei verbunden,
ganz plötzlich kontrovers empfunden,
und das kommt öfter vor.
Dann finden sich zwei liebe Schätze
auf einmal voller Gegensätze,
auch wenn man Treue schwor.

Will man einander nicht betrüben,
muss man das Nonstoplieben üben.
Wie schnell sieht man sonst Rot
und streitet, nörgelt, schweigt betroffen!
Drum Paare: Legt die Herzen offen,
bevor Zerwürfnis droht.

Dem Mann (was Frauen ihm verübeln)
reicht bei Konflikten stummes Grübeln.
Er neigt zur Passivsorte.
Die Frau spricht dafür umso mehr,
bloß, das beeindruckt ihn nicht sehr -
wozu so viele Worte?

Und eigentlich, nimmt man's genau,
passt Mann nicht unbedingt zu Frau,
viel gibt es zu justieren.
Ihr Paarbestreben muss dran liegen,
dass sie ja dann nur Kinder kriegen,
wenn sie symbiotisieren.

Gestehen wir uns doch mal ehrlich:
Stets Lieben, das gelingt nur schwerlich,
scheint oft sogar vergebens.
Doch - taugen wir als Einzelgänger?
Wir brauchen heute uns und länger,
ja, meist Zeit unsres Lebens!

AUGEN-BLICK-WINKEL

VERSUNKENES TAL

In alles überragender
Herrschaft über zwei
einander abgewandte Welten
wacht der Betongigant
zwingt den altehrwürdigen
Weg durch Tanne und Farn
zur Umkehr

Jenseits der Brücke
von Kunstnatur umrandet
der gleißende Spiegel
geschönt mit Segelweiß

Am Himmel über
ertrunknem Gemäuer
fliegen Felchen
Zander und Aal

FRÜHLINGSWERDEN

Gewärmt im Erdquartier
Pelz an Pelz
unter dem Mantel
eisiger Stille
versäumen Siebenschläfer
Haselmaus und Murmeltier
die Jahreszeit

Der Singdrossel erstes
Flöten-Scherzando
erlöst sie aus Schlafstarre
befreit Astgerippe
von kristallenem Raureif

Warten wird Werden
ein Hauch von Zuversicht
weht in die Schläfrigkeit
der Welt

OSTERHASE

Im Frühjahr sind die Farben schon
recht duftig hell, mehr Ton in Ton.
Höchst spärlich grünt der Rasen.
Und weil erst alles zaghaft blüht,
bevor der Mai sein Farbspiel sprüht,
ruft man den Osterhasen.

Der Osterhase nämlich schuf
viel Fertigkeit sich im Beruf,
vor allem im Bemalen.
Er pinselt blasse Eier bunt,
verstreut sie neben Primeln und
in Hecken, oft noch kahlen.

Er hat auch eine Hasenfrau
und Kinder, sieben Stück genau,
schön rund und babyspeckig.
Zum Helfen sind sie noch zu klein,
sie patschen in die Töpfe rein
und kleckern alles scheckig.

Der Osterhasenvater macht
allein die bunte Wiesenpracht
zum Osterglockenklange.
Wenn du dein schönes Osternest
ein Weilchen ungegessen lässt,
dann hält die Pracht noch lange!

RASENMÄHER

Ahnungsvoll schaut
mir struppiger Rasen
entgegen dessen
freier Entfaltung ich
Einhalt gebieten werde

Die wilden Margeriten
streiten ob sie heute
geköpft werden oder
morgen

Sage ich es ihnen?

In Wahrheit bin ich noch
zu lustlos den Mörder
aus seinem Schlaf
zu wecken

SOMMERWIESE

Miniaturuniversum
versteckten Lebens
Welt von Mistkäfer
Märzveilchenfalter
Maiwurm und Milbe

Im Farbenzauber
filigraner Formenpracht
wippt webt wankt
Blüte an Blatt
Halm an Stängel

Wer sich hineinlegt
wird eins sein
mit Hahnenfuß
Heuschreck und Himmel
und den Mythen glauben
die der Wind flüstert

GOTTESGABE

Keine Hand
kein Sturm befreit
den Novemberbaum
von übervoller Apfellast

Zwei Amseln
zanken schaukelnd
um dieselbe Frucht
als sei sie die einzige
unter den zahllosen
die sich festklammern
bis Schneehauben
ihre Bäuche weißen

Die Menschen im Haus
schärfen die Axt
und ignorieren
das Wort Gottesgabe

EFEU

Immergrüne Wand
würgt den Eigenwuchs
überquillt beharrlich
Nester und Gelege

wuchert und wächst
einem geheimen
Befehl gehorchend
Mond und Sterne
zu begrünen

nicht ahnend wie bald
ich Spielverderber
ihr das Handwerk
legen werde

WASSER DER ERDE

Nebel hüllt mit weißen Schleiern
spät im Herbst die Morgen ein.
Abertausend Tröpfchen bringt er,
dicht gedrängt, wie Hauch so fein.

Sonne wärmt die Weltenwasser.
Permanent verdunstet Nass
und steigt aufwärts in die Wolken.
Manche wird zum Regenfass.

Fällt das Nass zu uns herunter,
werden Schirme aufgespannt.
Gibt es Frost, tanzt es als stilles
Flockenweiß herab aufs Land.

Hätten wir auf unsrer Erde
weder Fluss noch Meer noch See,
brächte Regen niemals Segen,
gäb es keinen Mann aus Schnee.

HERBST

Ohne Trara kam er
mit verkleckertem Farbtopf
versprach ihnen
purpurne Kleider
nichts sagte er von
Gehen und Vergehen

Sie sangen Flüsterlieder
tanzten anmutig
und bemerkten kaum
das Hinabgleiten
auf ihre vorbestimmten
Humusgräber

Doch vorher noch
spielten sie Musik
unter Kinderschuhen

SCHNEE

Der Schnee
zu leicht zu fallen
schwebt gaukelt
schmetterlingt
ganz fein
ganz sacht

Meine Augen
starren in weiße
Insektenschwärme
die Schneekönigin
zu entdecken
und aufzufangen
mit meinem Mund

WINTERTIERE

Die Fische stoßen sich die kalten Nasen,
wenn über ihnen Schlittschuhläufer rasen.
Unmengen Eis gibt's heuer ohne Geld
und Puderzucker, der vom Himmel fällt.

Schon lange zeigt der Winter kein Erbarmen.
Die Katzen bleiben lieber drin im Warmen.
Ich hörte einen Hund, der hustend bellte -
er protestierte gegen Eis und Kälte.

Wo bleiben Maulwurf, Wurm und Fledermaus?
Sie schlafen winterstarr, nichts lockt sie raus.
Und auch der Igel gräbt sich unters Laub
und tut ganz blind und weg und stumm und taub.

Doch wenn die allererste Drossel pfeift,
was glaubt ihr, was dann plötzlich um sich greift?
Ein Gähnen, Räkeln, Wuseln, Rascheln, Niesen:
Sie wachen auf im Wald und auf den Wiesen!

FROST

Der Januar klappert
mit den Zähnen
seine eisigen Knöchel
klopfen gegen
die Fensterscheibe

Busch und Baum
erstarren in Tiefschlaf
Schornsteinrauch
kippt flach aufs Dach
als bleiches Gespenst
entschlüpft dein Atemhauch

Stahlgraue Wolken
ziehen mit schwerer Fracht
werden bald schon
ihre Bäuche öffnen

Vor der Tür lauern
Streusand und Schippe
auf ihr Stichwort

JAHRESZEITEN

Frag doch den Kuckuck, wenn sein Ruf erschallt:
Lockst du den Frühling damit in deinen Wald?
Es tut sich was! Aus allen Ritzen
schimmert's seidengrün:
Der Frühling naht auf Zehenspitzen,
bald wird alles blüh'n.

Wölkchen von Mücken tummeln sich im Licht,
spielen im Sonnenschein, umschwirren dein Gesicht.
Es tut sich was! Vom Wiesensaum
sprüht bunte Farbenpracht -
der Sommer kommt als Purzelbaum,
springt querfeldein und lacht.

Spät, wenn der Sturmwind alles wanken lässt,
feiert die Blätterwelt ein letztes Abschiedsfest.
Es tut sich was! Gebüsch und Strauch
verschenken nun ihr Kleid.
Der Herbst vertauscht's mit Nebelhauch,
macht alles grau und weit.

Ziehen die Wolken still und tief und schwer,
freut es die Kinder, sie warten doch schon sehr.
Es tut sich was! Bald fallen Flocken
mehr und mehr und mehr.
Der Winter schleicht auf weißen Socken
grimmig kalt daher.

HAUSTÜRSCHLÜSSEL

DAS VERTRAUTE

Nähmst du sie weg
Kerzenleuchter Klavier
Kaffeetasse Küchenstuhl
blieben noch
tausend Gegenstände
die ihre verhüllte Sprache
der Vertrautheit sprechen

aber verstummten
würde unser beider Aura
nicht alle Zwischenräume
füllen

ABSCHIED

Besenrein das Parkett
das wir künftig
Unbekannten überlassen

Unsere Blicke
wenden sich ab
von den Räumen
die wir schmückten
mit Zuhausesein

Das behagliche Nest
gebaut vor Jahren
löst sein Geflecht
um Rückblick
in Wehmut zu werden

Letztes Betrachten
der Weiden
Wälder
Wolken
der Lämmer
schwarzweiß

BLEISTIFTSCHWER

Das jungfräuliche Blatt
ruft auf zu Redsamkeit
will meine Bleistiftschwere
schwerelos zaubern

In Auflehnung gegen
meine passive Haltung
startet der Stift
seinen Motor
selbsttätig

Und da steht plötzlich
auf Nichts ein Bruchteil
meines Lebens

MONITOR

Mein Fenster zur globalen Welt
hat Größe DIN A 3.
Pfeilschnell durchquer ich, ohne Geld,
Tunesien und Türkei.

Von Wien nach Rom, hin und zurück,
klick ich mich in Sekunden
und habe mit ein wenig Glück
das Besthotel gefunden.

Damit ich kein Bonbon versäume,
such ich die Outlethallen
all meiner Wünsche, meiner Träume
und Trends, die mir gefallen.

Und auch zu dir auf deinen Tisch
kann ich per Skype gelangen,
ganz unvergoren, tagesfrisch
darfst du mich live empfangen.

Mein Blick fällt auf das Nachbardach.
Dort zwitschert ein Pirol,
dass er lebendig sei und wach
und ... mich der Teufel hol.

GÄSTE

Durch die Augen
der zu Erwartenden
ertappen meine Blicke
klebrige Spinnwebfahnen
Flecken und Eckenflusen

Überrumpelt kommen
Staubsauger und
arbeitslose Tücher
zu hochkarätigen Ehren

Mit verstecktem Spott
fallen den Gästen
ihre naturgeschützten
heimischen Wollmäuse ein

TAGESABLAUF

Abgezirkelte Schritte
auf schnurgeraden Linien
An der Kreuzung
dem Ampelsignal
Hand auflegen
Warten

Die Tagespflicht
pocht auf Einhaltung:
Parkscheibe sichtbar platzieren
Taschen mit Nahrung füllen
Geld heraus zählen
schönen Tag noch

Was alles tun
als Erstes als Letztes
um das Dasein
mit Sinn zu füllen

KOMMENDES

Ich katapultiere mich aus
bestickten Wärmekissen
der Alltagsgeborgenheit
ins Labyrinth unbekannter
zuvor nie betretener
Irrgärten

mich selbst zu verlieren

mich selbst zu suchen

mich selbst zu finden

PAKETBOTE

Die Türglocke ruft
um dreizehn Uhr elf

Festgeklebt die
müde Freundlichkeit
seiner Augen

Mein Lächeln
reicht nicht aus
ihm den Job
zu versüßen

Mitgefühl für
den Überbringer
dessen Dienst in
geduldiger Anonymität
unbelohnt bleibt

FEUERLAND

Der monotone Widerhall
ausgeleierten Trödeltrotts
macht Blicke stumpf
verstopft Gehörgänge
lässt Sinne komatös
schnarchdämmern

Ich gönne mir eine Zäsur:

wage den Ausritt
ins Feuerland
mit seinem Labyrinth
nie betretener Irrgärten

VERLASSEN

Meine Kinder haben
mich früh verlassen

Verlassen
fühlte ich mich nie

Ich kann mich
auf sie verlassen

KOSTBARKEITEN

Glucksendes Kinderlachen
übertönt den Straßenlärm

Eine Amsel zwitschert unbekümmert
im strömendem Regen

Die Kassiererin lächelt geduldig
über eine umständliche alte Frau

Ein vorbei fahrender Radfahrer
pfeift schräg einen Schlager

Plötzlich bricht ein Sonnenstrahl
durch ein trübes Wolkenloch -

all diese Kostbarkeiten
sammle ich ein
und stelle sie zu Hause
in eine silberne Vase

MENSCHENSKINDER

DIE GEDANKEN
SIND FREI

Mein Inneres
wird mir zu eng
mir passen zu viele
unnütze Gedanken
nicht mehr

Ich trage sie
aufs weite Feld
dorthin wo sich
der Horizont mit
den wogenden Ähren trifft

Ohne Zögern
lasse ich sie frei
werfe die Sorgenflinte
ins Korn
und husch - erfasst sie
eine unsichtbare Hand

DEIN MITTELPUNKT

Einmal nur
durch deine Iris
den Bruchteil
einer Sekunde
blicken genügte

dich als den Mittelpunkt
deiner Welt zu sehen

und nicht so wie mich
als den meinen

GESTERN

Als habe die Zeit nicht
hunderte Kalendertage
abgeschritten
und als sei Geschehenes
nicht vor Zeiten verstummt -

das Wiedererleben
altbekannter Gesichter
und verklungener Stimmen
zeigt sich vertraut

und näht das Gestern
an das Heute

ZU WORT KOMMEN

Wenn du mich fragtest
warum ich mich abkehre
von eurem Geplauder
lediglich eine halbe
Stuhlbreit Platz einnehme
und meinen Mund verschließe

und wenn du wissen wolltest
ob mein Dabeisein erfüllt war
und wie alle andern
mein Anliegen habe
herzeigen dürfen

würde ich aufstehen
und als Antwort
meine Frage hinaustragen
ob du den leeren Stuhl
wohl bemerken wirst

LEBEN

Das Leben ist Frage
ist abertausend Fragen

deren Antworten ich täglich
zu ergründen suche

Das Leben ist Antwort
ist abertausend Antworten

von denen ich
eine oder zwei
verstanden habe

DAS EINMALIGE

Es behält seine
angestammten Orte
im behüteten Winkel
meiner Herzschatzkammer
im rotweinroten Strom
der Blutbahnen
in den welkenden Poren
meiner Haut:

das Einmalige
das mich lieben
und leiden lehrte
und hin und wieder
einen dankbaren Seufzer
über meine Lippen
schlüpfen lässt

NICHT ANHALTEN
ZU KÖNNEN

Nicht anhalten zu können
Kreislauf von Abschied
und Wiederkehr

der Sonne des Mondes
des Tags und der Nacht

Nicht anhalten zu wollen
Kreislauf von Abschied
und Wiederkehr

deiner Umarmungen
deines Schlüssels
in meiner Tür

AUSGELASSEN

Ganze Tage
habe ich ausgelassen
während mein Kopf
meine Innereien
meine Extremitäten
meine Herzfrequenz
von Madame Zipperlein
heimgesucht wurden

Ich hole sie nach
die ausgelassenen Tage

ganz ausgelassen

DÉJAVU

Meine winzige Lüge
(war es eine Ausrede
oder Fehlinformation
zugunsten des eigenen Ansehens
und unseres kleinen Friedens?)

bringt Beweis führend
deinen Bagger in Antrieb
der Vergrabenes
ans Licht befördert
aus längst vergessenen
auch längst vergebenen
Komposttiefen

wo alles schon einmal
oder vielmals
dagewesen scheint

WOHIN DES WEGS

Im Schlaf dich
mit den Träumen
arrangieren
deren Regie stets
verlangt du seist
an anderen Orten

zum Beispiel auf
nasskalten Parkbänken
wo du aus feuchten Sohlen
die Kälte hochziehen fühlst
und der Spott dich fragt:

Wohin des Wegs?

ANNÄHERUNG

Noch reden wir gekränkt
von Gewesenem
vertreten uns die Füße auf
dem abgeschubberten Parkett
verhallenden Hickhacks

Zwischen gedimmten
Worten spärlich
ein Hauch von Einsicht
wie erahnter Rosenduft
aus Nachbarländereien

Nun gut,
begeben wir uns
auf die Bühne
für die Clownerie
erneuter Annäherung

STIMMUNGSBAROMETER

AUFSTEHEN

Fade noch der Traum
in den Mundfasern
Überwindung schweren
Rückfalls in Nachtwärme
durch Aufschwung
der Beine des Rumpfs

Ach, Leichtigkeit des Seins
längst abgehängt
am Garderobehaken
zerschlissener Zeit

Spöttisch grient
der Morgen in mein
kleines Schauspiel

SCHUMMELABLICHTUNG

Mein Spiegelblick
gewährt mir Nachsicht:
Gedämpftes Lampenlicht
zeichnet mir Schneewittchens
ebene Antlitzmilde

Meine addierten Jahresringe
verkleiden sich hoffnungsfroh
als Schummelablichtung
die ich mitnehme
in den Tag
als sei ich erst gestern
dem Cranach'schen
Jungbrunnen entstiegen

SCHÜRZENTRÄGERIN

Mich schürzt das Gewand
meiner Wesensart
zum Schutz meiner Haut

Nie hat ein Betrachter
seine Beschaffenheit geprüft
keine Nase sich rümpfend
über die abgewetzten Flecken
meines Lebensmusters
gebeugt

Und so trage ich
meine zerschlissene Schürze
mit einem Lächeln der Demut
in den Augen

LEBENSLUST

Ich springe über Dächer,
entfliehe trübem Frust,
entfalte einen Fächer
aus Spaß und Lebenslust.

Ich fliege wie ein Drachen
durch mein Gedankenmeer
mit aufgekratztem Lachen.
Und nichts in mir wiegt schwer.

Ich fühle mich gehoben,
so leicht wie eine Laus
und kehre von dort oben
ganz frisch kreiert nach Haus.

VERBORGENES ZIMMER

Ich stelle ihn
auf die Kommode
neben den Schrittmacher
der Zeit
der die Tage verstreichen
und des Metronoms
Zeiger unermüdlich
pulsieren lässt

In meinem
verborgenen Zimmer
hält er mir die Treue
füllt er mir Abend
füllt er mir Nacht -

mein geheimer
Menschheitstraum

HOFFNUNG

Hoffnung malt
große Spuren
hinter die Sehnsucht

denn jedes frische Morgen
verspricht Fülle
und unsere Sinne
dürfen neue
Segel spannen

FREIES FELD

Beginnt mein Tag
mit der Aussicht
sich farblos
zu präsentieren
und besitzt er
die Frechheit
meinen Kopf mit
Tristesse zu füllen

laufe ich ihm davon
hinaus in freies Feld
um einen Sonnenstrahl
vom Himmel zu zupfen
und damit mein Haar
zu schmücken

VERGÄNGLICHKEIT

Verführerisch ihr Lockruf

doch wir verweigern uns
als befänden wir uns
nicht längst
im Altenklub unserer
weißhäuptigen Nachbarn

Und so schleppen
wir unbekümmert
Bäuche und schwere Beine
salben Runzeln und
Altersflecken

bis uns irgendwann
ein mitleidloser Engel
die letzte Illusion
verweigert

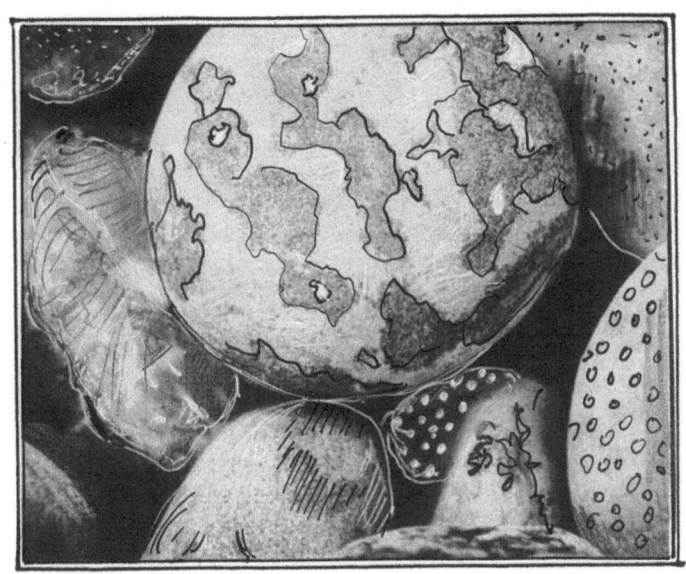

GLÜCK

Der kleine Pünktchenedelstein
will sich vor dir verstecken
dort unterm Hügel größerer,
die Ufersand bedecken.

Du suchst nach ihm, du findest ihn,
du wirst ihn nicht verpassen.
Wer sich dem Glück geöffnet hat,
bekommt es auch zu fassen.

MEIN GESANG

Mein Mund:
Singen kann er wie eh
perlende Bagatellen
lachende Kapriolen
dann und wann
ein geschmettertes
Glücksopus

Festgewachsen
meine Lippen
nicht festgewachsen
mein Gesang

ÜBERMUT

Ungezähmt fahre ich
aus meiner Haut
gebe mir den
lyrischen Namen Alraune
raune dazu eine kleine
Zauberlegende

Erkennst du mich?

Ich trage das Laub
der anmutigen Birke
und winke mit Zweigen
des Übermuts

Aber selbstverständlich
nehme ich mit dir
um sieben Uhr
in gewohnter Bekleidung
unser Abendessen ein

BEZIEHUNGSKISTE

KARGER GRUSS

Wieder nicht
erreicht mich
der Handschlag
deines Verstehens

Fünf Worte Gruß -
ich lese nichts
mein Wünschen
Betreffendes

Meine Geschenke
an deine Haut
werf ich den Hunden
zum Fraß in den Napf!

ABGEBLITZT

Denk mich weg
aus deinen
schlaflosen Träumen
überschütte mich
mit deinem Vergessen

glaub mir
du Schöngesicht
ich bin kein Gegenstand
den du benutzt
wie Tasse und Teller

Als ferner Mond
leuchte ich dir heim
mit erkalteter Maske

WORTBERÜHRUNG

Du Fremder
deine Stimme an
meiner Ohrmuschel
die von Terminvergabe
für Dienstag
zehn Uhr dreißig spricht:

Weiche Laute
berühren die Endpole
meiner Synapsen
bringen sie zum Andocken
an die Klaviatur
meines Wohlfühlens

und ein Gesicht
formt sich dazu
mit den Augen
vollendeter Harmonie

ZÄRTLICHKEIT

Schwere Hand
leichte Daunenfeder
den Augen verborgen
scheinende Linien
nachzeichnend

den Erdenlauf anhaltend
damit sich
Sonne und Mond
endlich
küssen
dürfen

BOTE ERINNERUNG

Wer trägt dein Wort
überbringt dein Lachen
in mein Warten?

Z e i t ?

Unzuverlässig
brüchig morsch
schickt sie den Boten
Erinnerung

WIE NICHT GEWESEN

Manchmal zähle ich, wie oft
wir uns einst umschlangen.
Schade, wir sind unverhofft
von uns fort gegangen.

Fadenscheinig auf der Hand
neblige Momente,
weg geflattert unser Band,
das der Zwist durchtrennte.

Still verklungen ist dein Wort,
keines mehr zu lesen.
Worte stehlen sich gern fort,
so wie nicht gewesen.

LIEBE

Liebe -
prunkvolles Schloss
geschützt durch die
Mauern eigener Größe

Liebe -
verschwiegener Tresor
geheimer Illusionen

Liebe -
wärmendes Erinnern
welches nachstrahlt
bis zum letzten Atemzug

PARADIESE

Die Gedanken sind frei
für Paradiese
Götter Abenteuer
und pittoreske Stationen

für Fantasie-Expeditionen
mit ungestraften Aufenthalten
in Fremdgebieten

für Lust auf Küsse
denen der Boden der Tatsachen
keinen Platz auf unserer
Haut reserviert

VORÜBERGEHEND

Unbekannter,
halt dich mal an
um zu mir zu sehen
wie willst du sonst fühlen
wie weich dich
mein Anblick berührt

Kehr dich mal um
ändre den Lauf
deiner Dinge
sonst könntest du
versäumen was hinter
der nächsten Ampel
schon nicht mehr
denkbar wäre

JUBILÄUM

Kein Orkan konnte
unsere Knochen brechen
und uns in entgegengesetzte
Richtungen fegen

Jahrzehnt für Jahrzehnt
ein neues Jubiläum
standhaft aufgetürmt
zu zwanzig zu fünfzig

Noch immer
greifen unsere Hände
Halt suchend ineinander
und passen wie vom
Herrgottschnitzer modelliert
genau eine in die andere

KERNSCHMELZE

Schon neulich wuchs
deine Schulter
an der meinen fest
Wir mutierten zu
siamesischen Zwillingen
und dein Kern schmolz
mit meinem Kern
zusammen

Die Qualität
unserer Gebrechen
wetteifert miteinander
Gedanken äußern wir
wie aus einem Mund

und dürfen uns was
dafür wünschen

NACH-DENK-ZETTEL

VERRATEN

Wäre sie eine seltene
Blume vollendeter Schönheit
und lockte Insekten
mit betörendem Nektar
um für Wiederkehr
und Wiederwiederkehr
zu sorgen

würde ich sie mit Hingabe
hegen hüten beregnen
zärtlich mit ihr flüstern
sie ehrfürchtig bewundern
vor Ungeziefer Bosheit
und Zerstörung beschützen
und bei Gewitter auf
meinen Schoß setzen

unsere verratene Erde

NICHT SO SCHLIMM

Alles nicht so schlimm?
Mit ungeputzter Brille
blickst du in den Himmel:
Er strahlt doch azurblau
wölbt sich schützend
über unsere Geschicke
und über das Morgen
redet er erst übermorgen

Dann aber WIRD er reden:
mit vernichtendem Orkangeheul
und brüllenden Wasserfluten
wird dir seine rasende Wut
ins Schreckensgesicht
peitschen und dich strafen

bis du
zu spät
begreifst

SCHLAGZEILEN

Schnell überfliegen
und den Schauder
des Grauens
sekundenlang durch unser
Mark rieseln fühlen

Wann werden wir
Friedfertigen einmal lesen:

Versöhnung Menschlichkeit
Liebe breitet die Flügel
über alle Nationen
und der Himmel erstrahlt
in den sanften Farben
globaler Ruhe

DIE FREMDEN

Such die Klarheit
ihrer Augen
die Anmut
ihrer Bewegungen
die Schönheit
ihrer Haut
und die Melodien
ihrer Stimmen

Nichts fremd
öffnest du ihnen
deinen Blick

O WEH DU FRÖHLICHE:
(AUS DER TAGESPRESSE)

Nikoläuse im Streik
Weihnachtsmänner für Afrika
Auch Christbäume haben Seelen
Glühwein trifft Bratwurst
Lichterglanz und Liederlärm
Kommerz statt Nächstenliebe
Neue Smartphones ein Muss!

Wunschzettel gehen online
Erst blättern dann klicken
100 Geschenkgutscheine verlost
% Alles muss raus %
Die große Schnäppchenjagd
Kunden im Kaufrausch
Das beste zum Schluss
Umsätze übersteigen Erwartungen

Einbrecher haben Hochkonjunktur
Hunger der Welt übertrifft Vorjahr
Spendenaufrufe verhallen ungehört
Obdachlosenzahl dramatisch gestiegen
Lügen als frohe Weihnachtsbotschaft
Gewalt, Krieg, Willkür, Tod
Bombenterror statt Glockengeläut
Kinder streunen traumatisiert umher

O weh du fröhliche ...

UNS GEHT ES GUT

Bedrohliche Polkappenschmelze
Tausendfaches Tierartensterben
Rasanter Gletscherrückzug
Sich mehrende Monstertornados
In Sintflut verschlammende Orte
Tod und Vernichtung durch Dürre
Versiegende Grundwasserressourcen
In Wohlstandsdreck erstickende Meere
Versteppung einst blühender Landschaften
Verödung einst nahrhafter Böden
Sterben einst randgefüllter Seen
Dürre Krieg Hunger Not Angst Flucht
Millionen Obdachlose
Abertausend geschundene Kinderseelen
Tod Vernichtung Trauer - -

am anderen Ende der Welt.
Uns geht es gut.

UNS GEHT ES
NOCH
VIEL
ZU
GUT

ZYNISMUS

Wissen wir eigentlich
vom Zynismus
unseres Reichtums
auf Kosten der Verlassenen
in Ausweglosigkeit
Verkümmernden

Vom Zynismus
der Gleichgültigkeit
und des Selbstverständnisses
die uns vorgaukeln
uns allein gehöre die Welt
und wir dürften sie
versklaven, ausbeuten
und verschrotten

Oh mein Gott
wie weit haben wir uns
von den Wundern
deiner Schöpfung entfernt!

DAS BÖSE

Zig Greifarme
und eine brachial donnernde
Befehlsstimme wären
was mir angeboren sein sollte
um das Unrecht niederzuschreien
an der Wurzel zu packen
und zu schreddern

Denn die Geschwüre
des Welt vernichtenden
versprühen ihr Gift
aus dem Hinterhalt
und jeder Rettungsversuch
mit unseren kleinen
Menschenfingern zerfließt
wie Schmutzwasser
im Spülbecken

Waschen wir nicht länger
unsere Hände in Unschuld!

ÖFFNEN

Öffnen wir rechtzeitig
Sinne und Tentakel
unseres tiefsten Fühlens
den Signalen welche
ihren falschen Ton
verstecken um
ungesehen und ungehört
geschehen zu können

Erwachen wir
bevor das Böse uns
mit Hass impfen
ihn als Droge
in uns pflanzen
und uns unmerklich
in ihr Unrecht
entführen kann

MEINEN ODER WISSEN?

Es spricht sich herum
was die anderen MEINEN
und auch in schwarz
gedruckten Lettern
unsere Augen anspringt

Schnell MEINEN wir dasselbe
und vernebeln unsere
eigenkluge Sicht
vor den Erkenntnissen
der Kundigen

welche nicht MEINEN
sondern WISSEN
und uns vor Leugnung
der Wahrheit warnen

dennoch oft abgestempelt
als Verschwörer
und nicht anerkannt
als einzig glaubhafte
Weltpropheten

DANKE LEBEN

Jetzt
vor unseren Augen
in unseren Gehörgängen
unserem innersten Wesen
findet es statt,
das vitale Leben
das uns formt
streichelt besänftigt
schlägt und rügt
und uns doch immer wieder
unsere Missachtung verzeiht:

Es ist da
bleibt noch
bietet Überraschung
Erinnerung Sehnsucht
Hoffnung und Zukunft
und verdient
Minute für Minute
demütigen Respekt

Danke Leben!

RESTSTRECKE

Die Jahresringe
um meinen Bauch
erzählen:

von Lust und Leidenschaft
Strapaze Enttäuschung
Mutlosigkeit Energie
ständig sich erneuernder
Zuversicht

Und du
dem seine Jahresringe
ins reife Gesicht
geschrieben stehen:
hältst Schritt mit mir
so wie ich mit dir
unsere Reststrecke
mit Lebenslust zu füllen

NEUE MORGEN

Jeder neue Morgen
trägt die Faszination
überraschenden Beginns
Wir atmen seinen
nachtgefilterten
Sauerstoff

Das Tagesgeschehen
treibt Schindluder
mit dem Geschenk
unseres Daseins
übersprayt das Einmalige
unserer Existenz
mit belanglosem Graffiti

als gäbe es nicht
Augenblick für Augenblick
dieselbe Faszination
wie die
jeden neuen Morgens

Unter dem 2010 gegründeten Label **Edition Gegenwind** erscheinen vor allem Neuausgaben früher veröffentlichter Bücher sowie Originalausgaben anerkannter Autoren und Illustratoren als Book-on-Demand oder/und E-Book.
Die für die Herstellung zuständigen Verlage von Ausgaben der Edition Gegenwind sind:

- Books on Demand (www.bod.de)
- CreateSpace (www.createspace.com)
- neoBooks (www.neobooks.com)

Aktuelles Belletristik-Programm der Edition Gegenwind 2017

Ulrich Karger/ Peter Karger
Herr Wolf kam nie nach Berchtesgaden, 2012

Ulrich Karger
Kurzprosa; Verquer - Roman-Collage, 2013
Vom Uhrsprung und anderen Merkwürdigkeiten - Moderne Märchen und Parabeln -, 2015

Homer
Die Odyssee - vollständige Nacherzählung der griechischen Heldensage, 2015

Manfred Schlüter
Das Perpezudum oder Wie der alte Morawitz das Perpetuum mobile erfand, Erzählung 2013

Gabriele Beyerlein
Die Göttin im Stein, Steinzeit-Roman, 2013, 2015
In Berlin vielleicht, Roman, 2013
Berlin, Bülowstr. 80 a, Roman, 2014
Es war in Berlin, Roman, 2015

Thomas Fuchs
Bj. 66, männlich, renovierungsbedürftig, Roman, 2013
Malcolm - Das Lächeln Afrikas, Roman, 2012
Eine unglaubliche Geschichte, Roman, 2013

Christa Zeuch
Worte, schwarz und weiß geflügelt, Gedichte, 2016
Leise Wortlaute, Gedichte, 2017

Das komplette Programm aller EG-Autor/innen u. Illustrator/innen (*Gabriele Beyerlein, Dagmar Chidolue, Uschi Flacke, Thomas Fuchs, Ulrich Karger, Bettina Obrecht, Sylvia Schopf, Manfred Schlüter, Pete Smith* und *Christa Zeuch*) ist mit ausführlichen Hinweisen und Kurzinhalten unter **www.edition-gegenwind.de** aufgelistet.
Alle Titel auch als E-Books!

Christa Zeuchs umfangreiches Kinder- und Jugendbuchprogramm finden Sie unter **www.christazeuch.de**